# LA PRINCESSE PARESSEUSE

# LAZY PRINCESS

ARMENIAN FOLKTALE in FRENCH and ENGLISH
by ELIZA GARIBIAN and SVETLANA BAGDASARYAN
FRENCH TRANSLATION by ANNABEL ISKENDERIAN

## Préface

« Contes de fées de ma grand-mère » est une série de contes de fées du monde entier. Les livres sont bilingues et devraient intéresser autant les adultes que les enfants.

Vous pouvez lire l'histoire dans la langue que vous étudiez et vérifier votre compréhension en lisant la page opposée sur laquelle le même texte est écrit dans votre langue maternelle. Nul besoin d'ouvrir le dictionnaire. Nous utilisons de simples phrases pour rendre le livre facilement compréhensible pour les débutants. Dans nos paraphrases nous utilisons des idiomes et des proverbes traditionnels pour présenter aux jeunes lecteurs le monde de la sagesse.

Nous espérons que vous apprécierez les contes de fées tout en excellant dans la compréhension et la maîtrise de la lecture dans la langue que vous étudiez.

Ce livre contient les versions française et anglaise du court conte de fée arménien « La princesse paresseuse » qui comprend des leçons de vie accumulées par les générations.

*« Vous êtes autant de personnes que de langues connues »*

## Preface

"My Grandma's Fairy Tales" is a series of fairy tales from around the world. The books are bilingual and should be interesting for adults and children as well.

You can read the story in the language that you are learning and verify your understanding by reading the opposite page in which the same text is written in your native language. No need to open the dictionary. We use simple phrases to make the book easy to understand for beginners. In our paraphrases we utilize idioms and traditional proverbs to introduce young readers to the world of wisdom.

We hope that you will enjoy the fairy tales while excelling your comprehension and reading skills in the language you are learning.

This book contains French and English versions of the short Armenian fairy tale "Lazy Princess," which has life lessons accumulated by generations.

*"You are as many a person as the languages you know"*

Il était une fois une pauvre maman et son fils. Un jour la maman tomba gravement malade.

"Que veux-tu manger, maman?" demanda le fils.

"Je voudrais manger un peu de viande, cher fils," dit la maman. "Cela reconstituera ma force et je me sentirais mieux."

En ce temps-là la viande était très chère et les gens pauvres mangeaient principalement des légumes, du pain et du fromage.

"Mais où trouvons-nous de la viande?" demanda le fils. "Nous avons seulement deux bœufs et si nous en tuons un maintenant, comment pourrais-je labourer au printemps?"

Once upon a time there was a poor mother and a son. One day the mother became very sick.

"What would you like to eat, mother?" asked her son.

"I would like to eat some meat, dear son," said the mother. "It will restore my strength and make me feel better."

At that time the meat was very expensive and poor people mainly ate vegetables, bread and cheese.

"But where do we get the meat?" asked the son. "We only have two oxen and if we slaughter one of them now, then how will I be able to plow in spring?"

"Eh bien, tue le bœuf, fils, Dieu est grand, nous penserons à quelque chose," dit la mère.

Le fils l'écouta et tua le bœuf. Il prépara la viande et nourrit sa maman malade. Après avoir mangé cette viande, la maman récupéra. Bientôt le printemps arriva et ce fut le moment de labourer. La maman dit à son fils:

"Tu ne peux pas labourer le champ avec seulement un bœuf. Laisse-moi t'aider. Attache la charrue sur moi à la place du deuxième bœuf."

Le fils pleura mais fit ce que sa maman dit. Et ils labourèrent ensemble.

Il se trouvait que ce jour-là le roi du pays chassait tout près. La chasse était fructueuse: il tua un canard et ordonna au serviteur:

"Well, slaughter the ox, son, God is great, we'll think of something," said the mother.

The son listened to her and killed the ox. He prepared the meat and fed it to his sick mother. After eating this meal, the mother recovered.  Soon spring came and it was time to plow. The mother said to her son:

"You cannot plow the field with only one ox. Let me help you. Tie the plow on to me in the place of the second ox."

The son wept but did what his mother said. And they began to plow together.

It just so happened that on that day the king of the country was hunting nearby. The hunt was successful; he shot a duck and ordered the servant:

"Fais un feu, rôtis l'oiseau et vois qu'il ne brûle pas."

Le serviteur commença à préparer le canard sur le feu quand soudain, il aperçut la vieille femme labourant le champ. Il fut tellement surpris qu'il oublia le canard qui brûla. Le roi était très en colère.

"Pourquoi mon petit déjeuner a-t'il brûlé?" cria-t'il.

"Longue vie au roi," s'agenouilla le serviteur effrayé, "s'il vous plaît pardonnez-moi. J'ai vu une vieille femme labourant le champ avec un jeune homme..."

"Convoquez le jeune homme," ordonna le roi.

"Make a fire, roast the bird and see that it does not burn."

The servant began preparing the duck on the fire but suddenly noticed the old woman plowing the field. He was so startled that he forgot about the duck and it burned. The king was very angry.

"Why is my breakfast burned?" he shouted at the servant.

"Long live the king," kneeled the frightened servant, "please forgive me. I saw an old woman plowing the field with a young man."

"Summon the young man," ordered the king.

Lorsque le jeune homme s'est approché, le roi l'a regardé avec colère et dit:

"N'es-tu pas honteux de torturer une vieille femme?"

Le jeune homme répondit dans une révérence:

"Ne soyez pas en colère, votre Majesté, j'ai tué le deuxième bœuf pour sauver la vie de ma mère quand elle était malade. Nous sommes de pauvres gens, nous n'avons pas l'argent pour acheter un autre bœuf mais si nous ne semons pas le champ maintenant, nous mourrons de faim."

When the young man approached, the king looked at him with anger and said:

"Aren't you ashamed of torturing an old woman?"

The young man responded with a bow:

"Do not be angry, Your Majesty, I slaughtered the second ox to save my mother's life when she was sick. We are poor people, we don't have the money to buy another ox but if we do not sow the field now, we'll die of hunger."

"Libère ta mère!" ordonna le roi. Puis après réflexion, il dit :

"Je te donnerai un jeune taureau, si tu peux l'apprivoiser, il est à toi et tu peux l'utiliser pour labourer."

Tandis que les serviteurs amenaient le veau, celui-ci apparut être un gros taureau très furieux.

"Ce n'est pas une affaire," dit le jeune homme. "Je le contrôlerai d'une façon ou d'une autre."

Il se prosterna devant le roi et amena le taureau à la grange, attacha ses jambes ensemble avec une corde et le garda là pendant trois jours sans manger. Le quatrième jour le taureau s'était un peu calmé, le jeune homme lui donna donc la moitié d'un seau d'eau et une brassée de foin.

"Release your mother!" ordered the king. Then, after giving it some thought, he said:

"I'll give you a bull calf, if you can tame it, it's yours to keep and you can use it for plowing."

As the servants brought in the calf, it appeared to be a big bull, as well as a very furious one.

"Not a big deal," said the young man. "I'll manage him somehow."

He bowed to the king and took the bull to the barn, tied together his legs with a rope and kept him there for three days without any food. On the fourth day the bull calmed down a little, so the young man gave him half a bucket of water and an armful of hay.

Le cinquième jour le taureau labourait déjà le champ, et après le travail le jeune homme l'a bien nourri.

Quand le roi apprit que son taureau travaillait, il fut très surpris et envoya chercher le jeune homme.

"Comment as-tu apprivoisé le taureau?" demanda le roi.

"Ce n'était presque rien," répondit le jeune homme avec un sourire.

Le roi le regarda, réfléchit un peu, et lui dit:

"Tu sais, fils, j'ai une fille. Elle est belle, mais très paresseuse. On ne peut rien lui faire faire. Si tu es capable de la changer, je te récompenserai généreusement. Epouse-la et prends-la dans ta maison."

On the fifth day the bull was already plowing the field, and after work the young man fed him well.

When the king learned that his bull was working, he was very much surprised and ordered to send for the young man.

"How did you tame the bull?" asked the king.

"It was almost nothing," replied the young man with a smile.

The king looked at him, thought a little, and then said:

"You know what, son, I have a daughter. She is beautiful, but very lazy. One cannot make her do anything. If you are able to amend her too, I'll reward you dearly. Marry her and take her to your house."

Sans remettre à plus tard, ils célébrèrent le mariage et la fille du roi emménagea dans la maison du jeune homme. La nouvelle vie de la princesse commença.

Tous les matins elle sortait de son lit, s'asseyait sur le banc près de la fenêtre et ne faisait rien.

Après environ une semaine, la maman dit à son fils:

"Ecoute, fils, qui as -tu amené à la maison? Cette fille n'est bonne à rien!"

"Ne t'inquiète pas maman," répondit le fils.

"Tu verras, elle cèdera."

Le jour suivant quand ils s'assirent pour manger, il n'a même pas donné à sa femme du pain ou de l'eau.

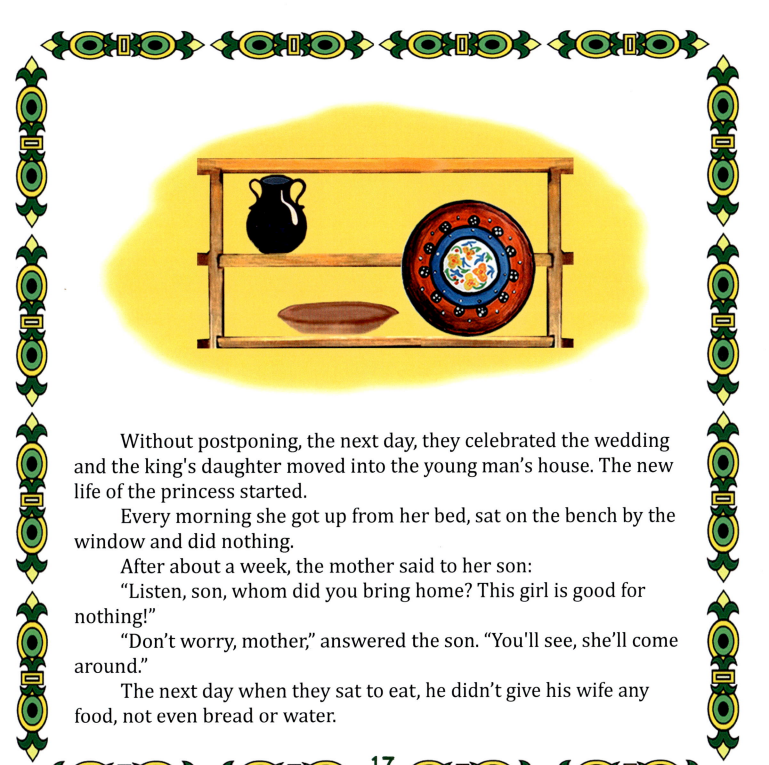

Without postponing, the next day, they celebrated the wedding and the king's daughter moved into the young man's house. The new life of the princess started.

Every morning she got up from her bed, sat on the bench by the window and did nothing.

After about a week, the mother said to her son:

"Listen, son, whom did you bring home? This girl is good for nothing!"

"Don't worry, mother," answered the son. "You'll see, she'll come around."

The next day when they sat to eat, he didn't give his wife any food, not even bread or water.

"Ma mère et moi travaillons jour et nuit," lui dit-il, "donc nous avons gagné notre nourriture. Alors que tu t'assieds toute la journée, pourquoi devrions-nous te nourrir? Ceci n'est pas le palais royal. Si tu ne travailles pas, tu ne manges pas."

Le jour suivant, tôt le matin, la princesse se leva et commença à balayer le plancher près de la fenêtre puis s'assit sur son banc. Dans la soirée, quand son mari rentra à la maison et apprit par sa mère ce que la princesse avait fait, il dit:

"Mère, peux-tu donner à ma femme un peu d'eau et un morceau de pain, s'il te plait?"

Le jour suivant la princesse se leva à nouveau de bonne heure et, cette fois, balaya la moitié de la pièce.

Quand le mari l'apprit, il lui donna deux morceaux de pain et un verre de lait.

"My mother and I are working day and night," he said to her, "so we earned our food. While you sit back all day long, so why should we feed you? This is not the royal palace. If you don't work, you don't eat."

The following day, early in the morning, the princess got up and started sweeping the floor by the window and then sat back on her bench. In the evening, when her husband came home and learned from his mother what the princess had done, he said:

"Mother, can you give my wife some water and a piece of bread, please?"

The next day the princess got up early again and, this time, swept half of the room.

When husband learned about it, he gave her two pieces of bread and a glass of milk.

« Eh bien, - pensa la princesse, - qu'elle est cette vie! Chez mon père, ils me nourrissaient de toute façon, mais ici ils me forcent à travailler. »

Mais que pouvait-elle faire? Elle n'allait pas mourir de faim! Elle commençait donc à apprendre comment nettoyer la maison, balayer la cour, faire le dîner. Et bientôt la princesse devint une personne si travailleuse que son mari et sa belle-mère ne pouvaient cesser de la féliciter.

Un jour le roi dit à la reine:
"Je vais rendre visite à notre paresseuse fille - quoi-qu'il en soit, elle n'est pas une étrangère pour nous."

Le roi approchait de la maison de son beau-fils à cheval. Et qu'a-t'il vu? La princesse qui sortait gaiement en courant à la rencontre de son père, attachait son cheval, et menait le roi à l'intérieur.

"Well," - thought the princess, - "what kind of life this is! At my father's home they fed me anyway, but here they are forcing me to work."

But what could she do? She was not going to die of hunger! So she started to learn how to clean the house, sweep the yard, cook dinner. Soon the princess became such a hard-worker that her husband and mother-in-law couldn't be happier.

One day the king said to the queen:

"I'll go visit our lazy girl - no matter what, she is not a stranger to us."

The king approached his son-in-law's house on his horse. And what did he see?  The princess happily ran out to meet her father, tied his horse, and led the king inside.

"Assieds-toi cher père," dit-elle au roi. "Je vais faire le dîner maintenant, viens donc m'aider s'il te plaît - j'ai besoin de nettoyer un peu d'ail."

Le roi sourit intérieurement, s'assit et commença le travail.

Quand la belle-mère rentra chez elle et vit le roi nettoyant l'ail, elle dit:

"Comment peux-tu faire ça, ma fille, tu laisses le roi nettoyer lui-même l'ail?"

"Pourquoi pas?" répondit la princesse. "Sinon mon père sera affamé. Vous devez gagner votre pain, n'est-ce-pas?"

"Take a seat, dear father," she said to the king. "I am cooking dinner now, so please help me - I need some garlic cleaned."

The king smiled to himself, sat on the bench and started the work.

When the mother-in-law came home and saw the king cleaning the garlic, she said:

"How can you do that, my daughter, you make the king himself clean the garlic?"

"Why not?" answered the princess. "Otherwise my dad will stay hungry. You have to earn your bread, don't you?"

Le roi rit, dîna avec eux et retourna au palais.

"Eh bien," dit-il avec plaisir à la reine. "Notre fille a complètement changé et semble très heureuse."

Le roi invita sa fille et ses nouveaux parents au palais et ils ont eu une grande fête. Après la fête il leur donna de nombreux riches présents et ils retournèrent à la maison.

La princesse et son mari eurent une longue et heureuse vie, eurent beaucoup d'enfants et aucun d'entre eux ne fut paresseux, mais tous étaient travailleurs.

\* \* \*

Trois pommes tombèrent du ciel: une pour le héros, une pour le conteur et une pour vous qui avez écouté notre conte de fée.

The king laughed, dined with them, and returned to the palace.

"Well," he gladly said to the queen. "Our daughter is completely changed and she looks very happy."

The king invited his daughter and his new relatives to the palace and they had a big feast. After the feast he gave them many rich presents and they returned home.

The princess with her husband lived a long and a happy life, had many children and neither of them was lazy, but all were industrious.

\*   \*   \*

Three apples fell from the sky:  one for the hero, one for the storyteller, and one for you, the one who listened to our fairy tale.

## Acknowledgments

Special thank you to our French text editor Marc Descollonges for his excellent job.

21051200R00015

Made in the USA
San Bernardino, CA
31 December 2018